朝气蓬勃　执着追梦

理工社® 与您一起成长的三十年

BITP: 30 YEAR - DEVELOPMENT OF

A VIBRANT CATCHER

1985—2015

北京理工大学出版社
BEIJING INSTITUTE OF TECHNOLOGY PRESS

编 委 会

编委会主任：林 杰

编委会副主任：焦向英　罗 勇　蔡婷婷　樊红亮　张文峰
　　　　　　　刘 铁　李炳泉　段马克　张 萌

执 行 主 编：蔡婷婷　刘 铁

编辑组成员：李炳泉　韩 菲　王连华

编　　　委：（按姓氏笔画排序）

王 军	王佳蕾	王艳丽	宁雪莲	边心超
边 锐	刘兴春	张庆太	张奕英	李 征
李 鹏	杨东升	陈俊武	陈 竑	周艳红
周 磊	孟雯雯	尚 伟	金 琳	宫殿君
赵 轩	赵 岩	赵 静	徐春英	秦庆瑞
戴 超	魏 诺			

德以明理　学以精工

让阅读伴随成长

科技传播　　文化传承

 理工社与您一起成长的三十年
BITP: 30 Year – Development of a Vibrant Catcher

努力为精神文明建设作出新的贡献

为北京理工大学出版社题

邹家华

一九九七年九月

原中共中央政治局委员国务院副总理　邹家华　题词

原新闻出版总署署长　于友先　题词

北京理工大学党委书记张炜、中国工程院院士朵英贤视察理工社在"青春北理"年度榜样人物评选活动中展示的图书

北京理工大学校长胡海岩院士在《现代兵器火力系统丛书》编委会工作会议上讲话

北京理工大学副校长杨树兴参加中华优秀出版物奖获奖作品座谈会

国家出版基金项目《现代兵器火力系统丛书》编委会会议

北京理工大学常务副校长杨宾视察理工社

教育部社科司副司长徐艳国在北京理工大学常务副书记赵长禄的陪同下视察理工社

北京理工大学副校长孙逢春出席中国汽车工程学会汽车工程图书出版专家委员会 2015 年工作会议

北京理工大学常务副校长杨宾、副校长李和章出席《穿西装的足球》新书发布会

北京理工大学常务副校长杨宾、副校长杨树兴、校长助理郝志强出席理工社"六一"儿童节捐赠图书仪式

硕果累累，再启征程

"清清延河水"，1940年，依革命圣地孕育了北京理工大学的前身——延安自然科学院，"德以明理，学以精工"是崇德尚行、学术报国的理工师生的追求；

"悠悠岁月长"，1985年，沐改革春风诞生了北京理工大学的新芽——北京理工大学出版社（以下简称理工社®），"科技传播，文化传承"是以书载道、立德树人的理工社人的使命。

30个春秋的栉风沐雨，10950个日夜的励精图治，北京理工大学出版社由1间房、10个人起步，发展到年出版新书1400多种、重印图书1400多种、年净销售码洋3亿元的规模，理工社人在实现"强国梦"的路上，一步一个脚印地踏实前行。

理工社人努力实现着自己的"科技强国梦"。作为参与国庆60周年阅兵30个地面方阵中的22个方阵装备设计与研制的北京理工大学所属的出版社，秉承服务学校"强地、扬信、拓天"的学科特色发展战略的宗旨，为校内外的院士、学者们出版了大量站在科技前沿的高水平著作，连续多年获得国家出版基金，并荣获多项国家级奖项：《基因的故事》荣获国家科技进步二等奖，《智能作战机器人》荣获第五届中华优秀出版物奖图书奖；《现代兵器火力系统丛书》、《航天发射科学与技术》丛书、《航空航天技术出版工程》等项目入选国家出版基金项目；车辆类学术著作出版水平位居全国出版社前列。

理工人努力实现着自己的"教育强国梦"。教书育人，教育之本。北京理工大学老校长徐特立是理工社人的榜样（《大爱育人中华魂——徐特立》荣获第四届中华优秀出版物奖音像奖提名奖）；"助力每一位老师的课堂"，是理工社人的追求；教育出版，更是理工社发展的基石。《火炮弹道学》等一批教材入选教育部"十二五"普通高等教育本科国家级规划教材。《职业口才》等99种教材被评为教育部"十二五"职业教育国家规划教材。同时，理工社坚持以服务职业教育的一线教学为宗旨，建立了基本覆盖全国的精细化的职业院校教育服务网络。这些努力，奠定了理工社在职业教育出版领域将有更为广阔发展前景的基础。在可以预期的未来，理工社将在高等职业教育与中等职业教育的衔接、高等职业教育与普通高等教育应用型人才培养的衔接上，在中等职业教育教材出版及本科段应用型人才培养教材出版上有更大的作为。

理工社人努力实现着自己的"文化强国梦"。文化是一个民族的灵魂。理工社出版了大批包括《再造一个地球：人类移民火星之路》《基因组：人种自传23章》等获得国家级奖项在内的精品科普图书。"助飞每一位读者的梦想"，给社会以满满的正能量，是理工社人的期望。《滚蛋吧！肿瘤君：

林杰社长

我与癌症斗争的一年里》一书荣获中国文化艺术政府奖最佳动漫出版物奖,根据该书及作者熊顿真实经历改编的同名电影使全国观众泪中带笑,启迪人们以更饱满的热情拥抱生活。《漫画少儿百科全书》《漫画国学启蒙》《漫画孙子兵法》等获科技部全国优秀科普作品奖、"原动力"中国原创动漫出版扶持计划。《宪兵父亲的遗言》一书入选国家新闻出版广电总局"纪念中国人民抗日战争暨世界反法西斯战争胜利70周年百种重点选题"。

理工社人逐梦的脚步是紧跟时代发展的。满足读者移动互联时代数字化学习与阅读的需求,是理工社面向"互联网+"时代发展的重点。职业素养教育平台"职场演兵——职业院校学生素质教育与评测平台"获得了财政部文化创意基金1000万元的支持;"面向特定人群的应用性系列数字产品"入选2013年北京市文化创新发展专项资金资助项目;"汽车科技文献智能资源库及服务平台"项目入选2015年度新闻出版改革发展项目库;多种数字化教材入选国家优质教学资源库。这些成功的探索,让我们对未来充满信心。

理工社人逐梦的视野是放眼世界的。理工社与施普林格·自然集团、圣智出版集团签署了战略合作框架协议,《混合动力城市公交车系统设计》《社会生物学》《给教师的健康书》《代代流传的教子故事》等多种图书获优秀版权引进奖、输出奖。理工社人将以世界的出版做好出版的世界。

三十年春华秋实,北京理工大学出版社塑造了为学校教学科研服务、为教育事业的发展服务、为科技成果的生产力转化服务、为社会经济的发展服务的良好社会形象。

我们的每一个脚印都是扎实稳固的,因为我们牢牢把握:强化管理,坚持正确的出版方向;回归本源,扎实做好学术出版;突出特色,加速做强教育出版;打造精品,稳步发展大众出版;数据分析,切实提高运营能力;深化改革,勇于推进精细管理;注重党建,打造一流企业文化;时刻清醒,树立风险防范意识。

三十年硕果累累,展未来再启征程。展望未来,理工社将坚持以数字出版为前瞻、以学术出版为主体、以教育出版和大众出版为两翼的发展格局,贯穿互联网思维,培育、集聚优质人力资源,把理工社发展成为拥有优质出版资源的研发与整合能力、拥有优质管理资源的运作与经营能力的国内一流、国际知名的现代化出版传媒集团。

让阅读伴随成长!

让理工社的图书伴随每一位读者的成长!

让每一位读者的阅读伴随理工社的成长!

Contents

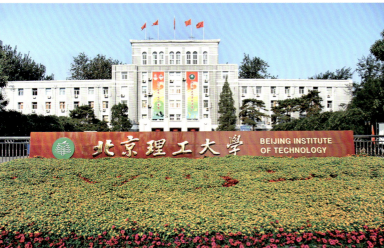

目录

上篇 —— 源远流长

- **筚路蓝缕　以启山林**
  - 筹建成立 2
  - 发展壮大 3
  - 腾飞之翼 5
- **薪火相传　爝火不息** 7
- **硕果累累　春华秋实** 12
  - 国家级图书奖 18
  - 部委级奖（部分） 19
  - 基金项目（部分） 24
- **群贤荟萃　精英云集** 26
  28

下篇 —— 继往开来

- **厉兵秣马　再启行程**
  - 组织机构 46
  - 学术出版中心 47
  - 教育出版中心 48
  - 大众出版中心 50
  - 数字出版中心 56
- **登高望远　一览众山** 60
- **风华正茂　青春作伴** 66
- **八方来风** 76
- **大事记** 82
  91

上篇
——源远流长

「源远者流长,根深者枝茂。」依托于北京理工大学,肇造于1985年,凭借着一代人的筚路蓝缕、开启之功,一段历史被缓缓打开……

30 1985—2015 朝气蓬勃 执着追梦

筚路蓝缕
　　以启山林

理工社与您一起成长的 30 年
BITP: 30 Year - Development of a Vibrant Catcher

1985—2015
理工社与您一起成长的 30 年
BITP: 30 Year - Development of a Vibrant Catcher

筹建成立

1983年，北京工业学院为促进学院教学、科研工作的发展，满足兵器工业教育出版工作的迫切要求，缓解兵器工业教育图书出版难的状况，于11月15日向兵器工业部呈送了《关于申请成立北京工业学院出版社的报告》，同时抄送教育部。1985年2月24日中华人民共和国文化部发文给兵器工业部同意成立北京工业学院出版社。

1985年成立伊始，1间房，10个人，23万元的启动资金，出版社全年出版图书15种，其中本科教材类图书7种、专著类图书5种、科技类图书1种、中小学教材类图书2种。"合抱之木，生于毫末；九层之台，起于累土；千里之行，始于足下。"这宣告着一家新的出版社正式发轫，踏上筚路蓝缕、奋发图强的风雨征程。

1988年，随着学校更改校名，出版社正式改名为北京理工大学出版社（以下简称理工社®）。

 朝气蓬勃 执着追梦
理工社与您一起成长的三十年
BITP: 30 Year – Development of a Vibrant Catcher
1985—2015

理工社早期员工合影

2000年发行部合影

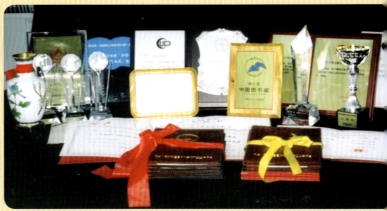

理工社早期所获部分奖项

发展壮大

　　走过了成立之初十年的理工社，在第二个十年中，进入了发展壮大阶段。汽车类图书、设计类图书的出版及相应两个专家委员会的成立，成为这一阶段的标志。

　　理工社于1994年启动了"汽车图书出版工程"，提出了"读汽车书、圆汽车梦、找理工社"的口号，并于1995年在中国汽车工程学会的支持下，成立了中国汽车工程学会汽车工程图书出版专家委员会，理工社为秘书长单位。理工社内靠学校实力雄厚的学科优势，外依人才荟萃的中国汽车工程学会，通过这种"内联外合"的发展模式，经过多年不懈的努力，跻身国内汽车图书出版五强。

　　理工社的第一套设计书诞生于1991年，由工业设计教学指导小组规划，理工社承担出版任务，是国内第一套工业设计教材。2001年出版社把设计类图书作为一个特色来加以发展，同年成立了由国内外著名专家组成的设计教育图书出版专家委员会，开始出版国内外的优秀设计类图书和教材。经过数年的努力，工业设计已经形成了规模，并在此基础上开始向更大的设计范围扩展。除教材外理工社还出版了相当数量的理论类和实务类图书，还出版了教师学生的作品集、论文集等。

　　由此十年开始，理工社在汽车及工业设计为代表的教材及专著出版上，打造了强势的产品品牌，积累了经验，培养了人才。

　　在立足本校，面向全国，服务于教学、科研的基础上，出版社策划兵工类科技图书并承担了国防科工委系列国防专业特色教材及专著出版任务。

2001年理工社成立设计教育图书出版专家委员会

2014年8月中国汽车工程学会汽车工程图书出版专家委员会与会代表合影

腾飞之翼

2005年，理工社敏锐地意识到为满足中国经济发展的需要，职业教育将有崭新的跨越式发展，职业教育对教材的需求不仅是巨大的，而且是全新的。理工社紧紧抓住这一发展契机，确立了"教育出版、教研先行"的方针、"融入教育、服务教育"的理念；2009年底，成立教育出版中心；2010年，基本建成了覆盖全国职业院校的教育服务网络。从战略上、组织上、渠道上奠定了职业教育教材出版格局，以职业教育教材为主体的教育出版成为理工社的"半壁江山"。

"十二五"职业教育国家规划教材

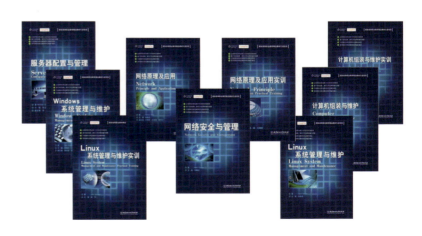

国际高等职业教育精品教材引进项目系列教材

从2007年开始，理工社由科普类图书起步进入大众出版领域。2010年6月，成立大众出版中心。大众出版的策划、营销及社会资源全方位整合战略，既给策划编辑以创作和创新的空间，也加强了网络营销能力乃至大众出版平台的构建。短短数年之间，理工社的大众出版初步形成了文史类、少儿类、家教类等数条获奖图书及社会影响力上佳的产品线，码洋过亿。

《滚蛋吧！肿瘤君：我与癌症斗争的一年里》荣获中国文化艺术政府奖第二届动漫奖：最佳动漫出版物奖

大众类部分优秀图书

学术出版是理工社的本源。2012年1月理工社成立学术出版中心。以重大项目和重点项目的开发为牵引，积极策划和推进国家出版基金资助项目、"十二五"国家重点出版物出版规划项目和工信部规划出版项目，在地面武器、车辆工程、电子信息和航空航天等方向上出版了一批高质量、高水平的学术著作。至此，理工社以"学术出版为主体，教育出版和大众出版为两翼"的出版格局正式形成。

第四届中华优秀出版物奖获奖座谈会

汽车系列图书（部分）　　　　　　　国防特色系列教材（部分）

2007年，理工社申报进入第二批转企改制试点工作。2011年6月，转制完成，企业名称为北京理工大学出版社有限责任公司，简称"北京理工大学出版社"。改企，是理工社发展的新契机；企业机制，是理工社发展的发动机。

理工社一体两翼的格局，加上数字出版的前瞻眼光及国际化的发展视野，理工社走上了腾飞之路。

与CompTIA（美国计算机行业协会）签约

与圣智学习出版公司签约

理工社为北京理工大学"青春北里"年度青春榜样评选活动设立榜样基金

大众出版中心举办中日韩经济发展协会留守儿童关爱试点项目"爱心传递·梦想起航"夏令营活动

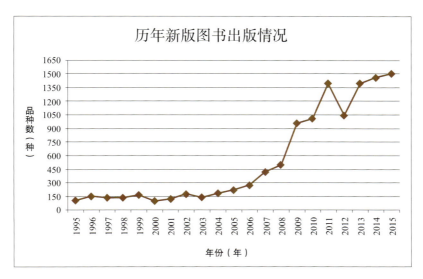

薪火相传
爝火不息

理工社与您一起成长的 30 年

BITP: 30 Year - Development of a Vibrant Catcher

历任社领导

马志清（副校长兼社长）

赵学仁（副校长兼社长）

李志祥
（副校长兼第一副社长）

胡敏荣（主持工作）

张俊秀（主持工作）

董兆钧

赵文海

林国璋

苏 青

王文生

杨志坚

林 杰

1985年2月—1989年1月

社　　　长：马志清（副校长兼社长）
第一副社长：李志祥（副校长兼副社长）
副　社　长：胡敏荣（1985年2月—1988年4月
　　　　　　主持出版社工作）
副　社　长：崔国泰　向文娟
　　　　　　张俊秀（1988年5月—1989年1月
　　　　　　主持出版社工作）
副　总　编：郑锡琏　倪福卿

1989年1月—1993年2月

社　　　长：赵学仁（副校长兼社长）
第一副社长：李志祥（副校长兼副社长）
副　社　长：张俊秀（1989年1月—1993年2月主
　　　　　　持出版社工作）
常务副社长：董兆钧（1991年3月—1993年2月任
　　　　　　常务副社长）
副　社　长：向文娟　赵文海
副　总　编：郑锡琏　倪福卿

1993年2月—1994年6月

社　　　长：董兆钧
副　社　长：赵文海
总　　　编：余世芳
副　总　编：倪福卿

1994年6月—1997年7月

社　　　长：赵文海
总　　　编：余世芳
副　社　长：王秉哲
副　总　编：倪福卿

1997年7月—1999年12月

社　　　长：林国璋
总　　　编：倪福卿
副社长兼书记：黄发荣
副　社　长：吴宝常
副　总　编：郝淑英

1999年12月—2003年1月

社　　　长：苏青
总　　　编：林国璋（2002年调离）
副　社　长：卢忱
书　　　记：庞海芍
副　总　编：刘恢银

2003年1月—2003年10月

社　　　长：王文生
总　　　编：罗勇
副　社　长：卢忱
书　　　记：梁瑞梅
副　总　编：樊红亮

2003年10月—2013年2月

社　　　长：杨志坚
总　　　编：罗勇
副　社　长：卢忱（2006年6月调离）
　　　　　　任世宏（2009年6月调离）
　　　　　　蔡婷婷　樊红亮　张文峰
书　　　记：梁瑞梅（2006年退休）
社长助理：吴宝常　刘铁

2013年3月至今

社　　　长：林杰
总　　　编：罗勇（2015年6月调离）
　　　　　　焦向英
副　社　长：蔡婷婷（2015年9月调离）
　　　　　　樊红亮　张文峰
社长助理：刘铁　李炳泉　段马克　张萌

本届社委会成员（从左至右）：社长助理张萌（左一）、总编辑焦向英（左二）、社长助理段马克（左三）、社长林杰（中间）、副社长张文峰（中后）、社长助理刘铁（右三）、副社长樊红亮（右二）、社长助理李炳泉（右一）

朝气蓬勃　执着追梦

理工社与您一起成长的三十年

BITP: 30 Year – Development of a Vibrant Catcher

1985—2015

理工社，怀着深刻的教育情怀及对教育事业崇高的使命感，自强自立谋发展，风雨兼程30年，始终保持着"朝气蓬勃、执着追梦"的旺盛斗志。

回首过去，我们春华秋实，硕果累累；展望未来，我们厉兵秣马，再启征程。

我们坚持以数字出版为理工社发展的未来。主动适应"互联网+"时代的变革，紧紧抓住数字化出版的发展机遇，以构建数字化出版平台及提供数字化出版服务为发展目标。

我们坚持以学术出版为理工社发展的根本。以重大项目申报为牵引，积极稳妥推进重大出版工程，坚持不懈地在地面武器、车辆工程、电子信息和航空航天等出版方向上打造学术精品力作。

我们坚持以教育出版为理工社发展的基础。秉承高质量服务一线教学多样化需求的出版理念，巩固遍布全国90%以上院校的服务网络，完成由教材出版向教育服务的战略转型。

我们坚持以大众出版为理工社发展的契机。在"大教育"的视野下，推进国内外出版资源的全方位战略整合，大力推进理工社的品牌建设，让理工社的品牌走进千家万户。

展开广阔的国际视野，加强系统化的企业管理，坚持不断创新的经营理念，理工社立志成为数字出版的先锋、学术出版的基地、教育出版的旗舰、大众出版的平台。

我们坚信，敢于拥抱变化，才能赢得未来。

30 朝气蓬勃 执着追梦

硕果累累
春华秋实

理工社与您一起成长的 30 年

BITP: 30 Year - Development of a Vibrant Catcher

国家级图书奖

《基因的故事——解读生命的密码》2010年1月出版,是《芦笛曲丛书》之一,该丛书是科技部"科技计划科普化示范项目"成果、"十一五"国家重点图书出版规划项目。

《基因的故事》讲述了基因是生命体得以传承和发展的物质基础,自然界生命体系亿万年的演化历程都可以从现存生物的基因中找到踪迹,生物的所有生命现象也都可以追索到基因的根源。本书以分子生物学的主要突破性成就为线索,以形象生动的手法,将枯燥、抽象、疾速发展的分子生物学前沿基因知识通俗易懂地表现出来。

《基因的故事——解读生命的密码》

2013年荣获国家科学技术进步奖二等奖
2013年荣获第四届中华优秀出版物奖图书奖提名奖
2011年荣获大众喜爱的50种图书
2011年入选第三届"三个一百"原创出版工程
2012年荣获第二届中国科普作家协会优秀科普作品奖(图书类)提名奖

《滚蛋吧!肿瘤君:我与癌症斗争的一年里》

2014年荣获中国文化艺术政府奖第二届动漫奖:最佳动漫出版物奖
2013年荣获2012—2013年度全行业优秀畅销书

《滚蛋吧!肿瘤君:我与癌症斗争的一年里》2012年9月出版,讲述的是一个积极向上的姑娘熊顿用漫画的形式向大众讲述自己抗癌的真实故事,这个快乐女生,用画笔,在她爱的世界,刻下了她永远灿如春花的暖暖生命。

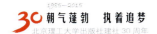

《再造一个地球——人类移民火星之路》

2010 年荣获第三届中华优秀出版物奖图书提名奖
2011 年荣获大众喜爱的 50 种图书

  《再造一个地球——人类移民火星之路》2009 年 9 月出版,是"十一五"国家重点图书出版规划项目、科技计划科普化示范项目,由我国著名天体化学家和地球化学家、中国科学院院士欧阳自远,国家天文馆编导刘茜著。
  《再造一个地球——人类移民火星之路》贯穿对人类命运及未来的思考,集科普、哲思和人文关怀于一体,传播知识、启迪思考,激发责任感和不懈努力的奋斗精神。这样的科普图书获奖,对吸引更多一线科学家参与科普事业,引导科普图书精品化发展有重大意义,也是理工社对我国的科学普及事业做出的贡献。

《智能作战机器人》

2015 年荣获第五届
  中华优秀出版物奖图书奖

  《智能作战机器人》2013 年 11 月出版,入选"十二五"国家重点出版物出版规划项目,由北京理工大学罗庆生、韩宝玲等教授根据所在团队的科研成果著述而成。
  《智能作战机器人》展示了我国在智能作战机器人领域的最新研究成果,综合体现了我国在机械设计制造、现代电子通信、现代自动控制、材料科学等领域所取得的长足进展,为我国高端作战装备交叉应用多学科理论与技术进行开发设计提供了一个新的范例。

《大爱育人中华魂——徐特立》

2013 年荣获第四届中华优秀出版物奖音像奖提名奖

  《大爱育人中华魂——徐特立》2010 年 12 月出版，由香港凤凰卫视、北京理工大学电视台联合制作。本片通过珍贵的历史照片和电影短片的剪辑，以及徐特立先生的亲人、学生和研究人员对他的回忆和评述，真实地还原了延安五老之一、人民教育家徐特立的教育思想、革命情怀、育人实践，为教育事业奉献的一生，充分展示出了徐特立先生作为一代"人民教育家"的大师风范，展现了中华文明的文化底蕴和思想精髓。

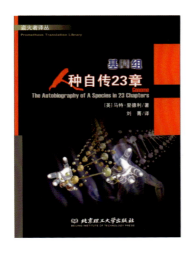 

《基因组：人种自传 23 章》

2004 年荣获第十四届中国图书奖
2005 年荣获国家图书馆文津图书奖
2004 年入选《2004 知识工程推荐书目》
2006 年入选中小学图书馆推荐书目

  《基因组：人种自传 23 章》2003 年 1 月出版，[英]马特·里德利著，刘菁译。本书通过在每一对人类染色体上选择一个基因并讲述其故事而阐述了人类目前所取得的、有关人类这个物种从生命出现到现在和未来的绝大多数知识，探讨了由于相关研究和实践而出现的科学、哲学以及社会问题；帮助我们理解这个科学里程碑对每个人意味着什么。

《宽束电子光学》1993年10月出版，由周立伟院士著。本专著是研究变像和像增器等光电子器件中大物面宽电子束在电场和磁场作用下聚集、偏转规律的科学，是物理学和电子学中电子光学学科的一个分支，利用这种规律，可以设计制造各种类型的光电器件。

《宽束电子光学》

1995 年荣获第二届国家图书奖提名奖
1995 年荣获第七届全国优秀科技图书奖一等奖
1994 年荣获第八届中国图书奖

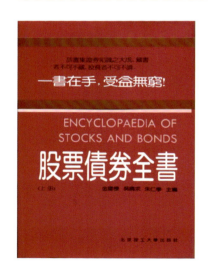 

《股票债券全书（上、下）》

1993 年荣获第七届中国图书奖

《股票债券全书（上、下）》1992 年 8 月出版，由金建栋、吴晓求、朱仁学主编。本书是一部全面、系统介绍股票债券知识、证券投资技巧和中国证券市场发展概况的大型证券业务工具书。

《断裂动力学引论》

1990年荣获第五届中国图书奖二等奖

《断裂动力学引论》1990年6月出版，由北京理工大学范天佑著。断裂动力学是近年来蓬勃发展的断裂力学的一个新分支。本书对裂纹在动态载荷以及弹性波作用下的起始扩展和快速传播，以及可能的止裂问题做了系统而全面的介绍，对非线性动态裂纹也作了初步但详细的介绍。

部委级奖(部分)

 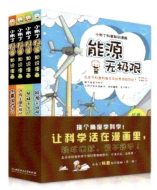  

《小布丁科普知识漫画》丛书(共8册)

2013年荣获全国优秀科普作品奖
2013年荣获第六届北京市优秀科普作品奖最佳奖

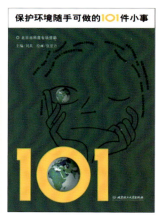

《保护环境随手可做的101件小事》

2011年荣获第八次向全国青少年推荐的百种优秀图书
2011年荣获全国优秀科普作品
2011年荣获第五届北京市优秀科普作品奖

《BBC科普三部曲:生命、地球、海洋》

2013年度引进版社科类优秀图书奖

《辜鸿铭讲〈论语〉》

2014年荣获向全国老年人推荐优秀出版物

引进版、输出版优秀图书奖

为落实国家新闻出版广电总局中国出版"走出去"战略，适应新的出版形势，理工社积极开展版权引进、版权输出工作，不仅引进国际先进的科技著作和先进的教育理念，还主动参与国际竞争，开拓海外市场，输出版权，为中华文化走向世界做出了贡献，并取得了好成绩。

引进版优秀图书

2014 《BBC 科普三部曲：生命、地球、海洋》
2010 《数独精选 100 题》(共 4 本)
2009 《意识的解释》
2009 《社会生物学》
2008 《国民经济动员研究书系》
2008 《混合动力城市公交车系统设计》
2007 《宇宙逍遥》
2007 《产品设计效果图技法》
2007 《头脑训练丛书》
2006 《囚徒的困境》
2005 《汽车电气与电子》
2004 《基因组：人种自传 23 章》
2004 《圆的历史：数学推理与物理宇宙》

教育部关于"十二五"职业教育国家规划教材选题立项

"原动力"中国原创动漫出版扶持计划入选项目

2015 年 9 月《漫画孙子兵法》列入 2015 年"原动力"
　　中国原创动漫出版扶持计划入选项目
2013 年 12 月《漫画国学启蒙》丛书列入 2013 年"原动力"
　　中国原创动漫出版扶持计划
2013 年 1 月《WOW！我们最好奇的科学常识》丛书列
　　入 2012 年"原动力"中国原创动漫出版扶持计划
2009 年 12 月《漫画史记》系列列入 2009 年"原动力"
　　中国原创动漫出版扶持计划获得扶持项目

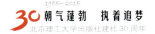

基金项目（部分）

职业素养测试平台——职场演兵

职场演兵应用性游戏平台项目获得 2014 年度国家文化产业发展专项资金文化产业升级项目资助。

该项目采用应用性游戏（严肃游戏）形式，结合国际高等教育素养的教育体系，研发的一套国际化的游戏平台，建构素质教育虚拟学习社区以及数字化评测体系，运用社会仿真、云计算等先进方法，将隐性的素养能力以虚拟社区的个人行为方式呈现出来，形成学生素质数据库，实现大数据时代环境下的高等院校素质教育新模式。

支持基金　　1000 万元

文化养老智能全媒体平台建设及应用示范

项目将建立一个针对健康养老为主要内容的全媒体平台，平台通过大数据应用技术，实现针对用户个体特征及喜好的内容选择及推送，即实现智能化的内容与用户匹配，符合个性化用户需求，达到传统媒体内容的优化配置。平台将根据科学健康养老内容，重点研发吸纳一批以 App、Web 应用等互动媒体为形态的健康服务及老人服务的专业内容，包括：老人再就业、慢病预防、健康管理、子女交流等内容的新形态内容，实现信息与服务相结合，内容、平台、经营、管理多方面深度融合，打造"互联网 + 文化养老内容"的示范性工程。

支持基金　　750 万元

面向老年人群的应用性游戏系列产品

2013 年北京市文化创新发展专项资金资助项目于 2013 年 12 月公布，北理工出版社申报的"面向老年人群的应用性游戏系列产品"入选该项目，这是出版社首次获得北京市文化创新发展专项资金资助项目。

支持基金　　180 万元

《飞行模拟器》

《飞行模拟器》获评国家出版基金资助"优秀"项目。

《飞行模拟器》是理工社承担的 2012 年度国家出版基金项目，并且入选了"十二五"国家重点图书出版规划项目。

基金项目　资助 18 万元

《现代兵器火力系统丛书》

我社《现代兵器火力系统丛书》被列入 2013 年度新闻出版总署"国家出版基金项目"，全套丛书共计 13 种。

基金项目　资助 157 万元

《航天发射科学与技术》丛书和《中间弹道学》

出版社组织申报的《航天发射科学与技术》丛书和《中间弹道学》成功入选 2014 年度国家出版基金项目。出版社首次两个申报项目同时入选，成为同时入选两个项目的少数出版社之一。

基金项目　资助 113 万元

《航空航天技术出版工程》

出版社组织申报的《航空航天技术出版工程》入选 2015 年度国家出版基金项目。该项目为出版社大型的引进版项目，也是引进版项目入选基金资助的少数出版社之一。自此，出版社已连续四年入选国家出版基金资助项目。

基金项目　资助 185 万元

30 朝气蓬勃 执着追梦

群贤荟萃
精英云集

理工社与您一起成长的 30 年
BITP: 30 Year - Development of a Vibrant Catcher

学术大家（按姓氏笔画排序）

中国工程院院士，中国航天科工集团科技委员会顾问，北京航空航天大学和哈尔滨工业大学等校兼职教授、博士生导师

代表作：《航天发射科学与技术》丛书

中国工程院院士，著名飞行器设计专家，西北工业大学教授、博士生导师

代表作：《现代兵器火力系统》丛书

中国工程院院士，含能材料专家，南京理工大学教授、博士生导师

代表作：《火炸药科学技术》《火药装药设计原理与技术》《火炮发射装药设计原理与技术》

中国科学院院士、中国工程院院士，通信与信息系统专家，北京理工大学教授、博士生导师

代表作：《信息系统与安全对抗理论》

中国科学院院士，空间飞行器总体、信息处理专家，清华大学航天航空学院兼职教授

代表作：《航空航天技术出版工程》丛书

中国工程院院士，航空发动机专家，空军装备研究院总工程师

代表作：《航空航天技术出版工程》丛书

刘竹生

中国科学院院士，火箭总体设计专家，中国航天科技集团第一研究院研究员

代表作：《航天发射科学与技术》丛书

朵英贤

中国工程院院士，自动武器设计专家，北京理工大学机械与车辆工程学院教授、博士生导师

代表作：《现代兵器火力系统》丛书《火炮与自动武器技术》

陈润生

中国科学院院士，中国科学院生物物理研究所研究员，博士生导师

代表作：《基因的故事：解读生命的密码》

余梦伦

中国科学院院士，航天飞行力学、火箭弹道设计专家，北京大学力学与工程科学系

代表作：《航空航天技术出版工程》丛书

张锡祥

中国工程院院士，雷达对抗专家，西安电子科技大学电子工程学院信息对抗学科教授、博士生导师

代表作：《新体制雷达对抗导论》

李骏

中国工程院院士，一汽集团公司副总工程师、技术中心主任

代表作：《汽车发动机节能减排先进技术》

中国工程院院士,瞬态力学专家,南京理工大学教授、博士生导师

代表作:《中间弹道学》

中国工程院院士,空气动力学与飞行器设计专家,北京航空航天大学教授、博士生导师,北京航空航天大学图书馆馆长

代表作:《航空航天技术出版工程》丛书

中国工程院院士,力学和复合材料学家,哈尔滨工业大学复合材料研究所教授、博士生导师,中国科学技术大学工程科学学院院长

代表作:《航空航天技术出版工程》丛书

中国工程院院士,电子光学和光电子成像专家,北京理工大学光电学院教授、博士生导师

代表作:《宽束电子光学》《一个指导教师的札记》,《目标探测与识别》《科学研究的途径——一个指导教师的札记》《藏绿集》

中国科学院院士,天体化学与地球化学家,中国科学院地球化学研究所研究员

代表作:《再造一个地球——人类移民火星之路》

中国工程院院士,飞行器设计专家,中航工业第一飞机设计研究院总设计师

代表作:《航空航天技术出版工程》丛书

中国工程院院士,飞航导弹技术专家

代表作:《航天发射科学与技术》丛书《航空航天技术出版工程》丛书

教育良师

赵长禄

动力传动一体化设计仿真与控制，发动机系统分析设计研究领域专家，北京理工大学教授，博士生导师，北京理工大学常务副书记

代表作：《车辆动力系统集成设计》

孙逢春

新能源汽车研究领域专家，长江学者特聘教授，博士生导师，北京理工大学副校长

代表作：《电动汽车——21世纪的重要交通工具》

杨树兴

飞行器总体与控制研究领域专家，北京理工大学教授，博士生导师，北京理工大学副校长

代表作：《航天发射科学与技术》丛书

李和章

教育学研究领域专家，研究员，长期从事教学和学生教育工作，北京理工大学副校长

代表作：《"德学理工"思考与实践》《时事论坛》

项昌乐

车辆工程研究领域专家，长江学者特聘教授，博士生导师，北京理工大学党委副书记、副校长

代表作：《装甲车辆传动技术》

长江学者特聘教授，南京理工大学校长，教授、博士生导师

代表作：《神奇的惯性世界》

长江学者特聘教授，北京理工大学光电学院教授、博士生导师

代表作：《飞行模拟器》《现代光学设计方法》

长江学者特聘教授，吉林大学汽车工程学院院长，教授、博士生导师

代表作：《汽车整车性能主观评价》

"千人计划"引进人才，长安汽车工程研究总院常务副院长

代表作：《汽车噪声与振动——理论与应用》

"千人计划"引进人才，上海汽车集团股份有限公司新能源和技术管理部副总经理

代表作：《系统工程指导下的产品开发》

国家级教学名师，北京理工大学教授、博士生导师

代表作：《分析力学专题》

梅凤翔

国家级教学名师，北京理工大学教授、硕士生导师

代表作：《机械制图（第3版）》《机械制图（第2版）》《机械制图》《画法几何及工程制图（修订版）》《画法几何及工程制图习题集（修订版）》

焦永和

国家级教学名师，北京理工大学教授、博士生导师

代表作：《管理数学》

韩伯棠

丁玉兰，人—机—环境系统工程专家，同济大学教授、博士生导师

代表作：《人机工程学》《人因工程学》

丁玉兰

机构学与机器人机械学专家，北京市教学名师，北京理工大学教授、博士生导师

代表作：《机械原理》

丁洪生

流体力学、人类工效学专家，北京市教学名师，北京理工大学教授、博士生导师

代表作：《气体动力学》《非定常气体动力学》

王保国

光电检测、光电成像及图像信息处理专家,北京市教学名师,北京理工大学教授、博士生导师

代表作:《光电成像原理与技术》

武器机动平台技术、传动及其控制技术以及虚拟样机技术专家,北京市教学名师,北京理工大学教授、博士生导师

代表作:《坦克构造与设计》《液力元件设计理论与方法》

产品设计理论与方法,设计管理,设计与商业模式领域专家,负责起草中国工业设计学科建设规划与评估体系。湖南大学教授

代表作:《工业设计史》《工业设计专业英语》

雷达、航天测控领域专家,全国模范教师,北京理工大学教授,博士生导师

代表作:《近代信号处理》

火炮系统分析与总体技术专家,江苏省教学名师,南京理工大学教授、博士生导师

代表作:《新概念火炮技术》《火炮设计理论》

虚拟现实与仿真技术领域专家,北京市教学名师,北京理工大学教授,研究生导师

代表作:《计算机应用基础习题集与上机指导》《C语言程序设计教程》

李林

光电仪器设计、光学系统设计专家，北京市教学名师，北京理工大学教授、博士生导师

代表作：《光学设计手册（修订版）》《工程光学》《现代光学设计方法》《光学设计教程》

李林英

思想政治教育理论与实践与心理咨询与心理健康教育专家，北京市教学名师，北京理工大学教授，博士生导师

代表作：《给教师的健康书》《给办公族的健康书》《自我表露与心理健康》

罗庆生

特种机器人技术专家，北京市教学名师，北京理工大学教授，博士研究生导师

代表作：《智能作战机器人》《仿生四足机器人技术》

罗森林

信息安全技术专家，北京市教学名师，北京理工大学教授，博士生导师

代表作：《信息系统与安全对抗理论（第2版）》

毛明

中国兵器首席科学家，教授级高工，博士生导师，中国兵器科学研究院副院长

代表作：《坦克装甲车辆可靠性理论、方法与应用》

吴礼军

研究员级高工，长安汽车工程研究院副院长，长安汽车北京研究院院长

代表作：《汽车整车性能主观评价》

智能车辆研究领域专家，北京理工大学教授，博士生导师

代表作：《无人驾驶汽车概论》《车辆信息技术》《车辆电子学》

电动汽车研究领域专家，北京理工大学教授，博士生导师

代表作：《奥运纯电动大客车技术与应用》《北京市纯电动汽车技术培训教程》

北京理工大学教授，博士生导师，新世纪优秀人才

代表作：《先进光学制造工程与技术原理》

副教授，天津海运职业学院党委副书记、纪委书记

代表作：《集装箱运输实务》

教授，江西机电职业技术学院副院长

代表作：《机械制造技术》

教授，考研数学辅导专家，担任北京数学学会理事

代表作：《考研数学复习指南》《考研数学集萃与水平测试》

陈永秀

教授，萍乡学院党委委员、校长助理

代表作：《人力资源开发与管理》（第3版）

董建国

教授，湖南工业职业技术学院副院长

代表作：《数控编程与加工技术》

简鸿飞

教授，江西应用技术职业学院副院长

代表作：《现代企业经营管理》《新编财务管理》《大学生心理健康》

李春明

教授，全国机械职业教育教学指导委员会汽车类专业教学指导委员会主任委员；长春汽车工业高等专科学校校长

代表作：《汽车车身电子技术》

刘育锋

教育部职业技术教育中心研究所国际合作与比较教育研究室主任、研究员，中国职业教育学会职教师资专业委员会咨询专家，中国职业教育学会发展战略研究会理事

代表作：《面向世界的职业教育改革发展新思考》

卢志鹏

教授，江西省政协常委，九江市人大副主任，九江职业大学校长

代表作：《普通话学习·训练与测试教程》《大学生实用礼仪教程》

教授,陕西省优秀教师,陕西工业职业技术学院副院长

代表作:《计算机网络技术(第2版)》《C语言程序设计(第2版)》

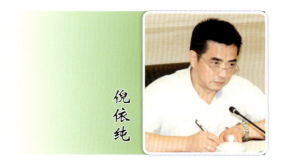

教授,无锡交通高等职业技术学校副校长

代表作:《机电一体化技术基础》

教授,江西机电职业技术学院书记

代表作:《机械制图》

博士,副教授,重庆电子工程职业学院院长

代表作:《就业与创业指导》

教授,国家级教学名师,湖南工业职业技术学院

代表作:《计算机应用基础》

西安交通大学教授,考研政治辅导专家

代表作:《八年真题名家详解》

教授，硕士生导师，滨州职业学院党委副书记、院长

代表作：《计算机应用基础》

博士，教授，湖南电气职业技术学院副院长

代表作：《经济学基础》

博士，教授，西昌学院党委书记、院长

代表作：《本科教学质量标准与监控——西昌学院的实践》

副教授，福建省高等学校教学名师，福建对外经济贸易职业技术学院院长助理

代表作：《国际金融》

博士，教授，陕西工业职业技术学院副院长，民盟咸阳市副主委，咸阳市政协常委

代表作：《西方经济学基础》

高级会计师，教授，厦门华天涉外职业技术学院副院长

代表作：《小企业会计实务》

博士,副教授,杨凌职业技术学院副院长,教育部高职高专工商管理教指委工商管理专业委员会委员,陕西省高职高专教育学会经济管理类专业委员会主任委员

代表作:《经济学基础》

全国著名考研数学辅导专家,教育部"国家精品课程建设骨干教师"

代表作:《张宇考研数学真题大全解(数学一)》

教授,河北机电职业技术学院副院长

代表作:《金属工艺学》

教授,江西旅游商贸职业学院党委书记

代表作:《大学生活指南》

教授,博士生导师,青岛黄海学院副院长

代表作:《现代物流设施与设备》

无锡开放大学校长、党委副书记

代表作:《机械制图》

文化名人（按姓氏笔画排序）

云香

全名旷云香，硕士，国家二级心理咨询师，国际母乳会哺乳互助指导，联合国儿童基金会"母爱10平方"特别推广者

代表作：《孩子的成长，妈妈的修行》

王小波

当代著名学者、作家。被誉为中国的乔伊斯兼卡夫卡。其唯一一部电影剧本《东宫西宫》获阿根廷国际电影节最佳编剧奖，入围1997年的戛纳国际电影节

代表作：《王小波全集》

刘慈欣

科幻作家，亚洲首位"雨果奖"获得者。作品蝉联1999—2006年中国科幻小说银河奖，2011年华语科幻星云奖最佳长篇小说奖，2010年、2011年华语科幻星云奖最佳科幻作家奖

代表作：《虫子的世界》《第2.5次世界大战》等

孙元伟

知名青年漫画家。曾获得世界漫画大会、CCTV原创动漫大赛最佳故事奖、首届全国动画片造型最佳创意奖等多项国内外漫画大奖

代表作：《洋洋兔》漫画国学系列等

托比尔斯·哈沃斯

经济学家，欧洲云联盟副主席，奥地利云联盟创办人及主席，云计算ISO SC38标准化委员会的奥地利代表，被推崇为云计算时代的领军人物

代表作：《向云环境迁移》

汪中求

北京博士德文化发展有限公司首席管理顾问，北京汪中求细节管理咨询有限公司董事长，其精细化管理理念风靡一时，是我国改革开放以来最有影响力的国内管理咨询专家之一，管理理念影响流传甚广

代表作："精细化管理"系列丛书

中国当代著名学者、散文家、哲学研究者、作家，是中国研究哲学家尼采的著名学者之一，中国社会科学院哲学研究所研究员

代表作：《周国平全集》《妞妞》等

被誉为"国学大师""学界泰斗""国宝"，北京大学终身教授

代表作：《季羡林经典作品集》《季羡林散文精选集》

著名家庭教育专家，中国当代家庭教育理论研究的开拓者和奠基人，北京师范大学教授

代表作：《家风正子孙兴》

人称"老梁"，著名媒体评论人，电视、时事双栖评论员，以观点独到、语言犀利著称。2013年，获《新周刊》中国电视"最佳时评节目主持人"称号

代表作：《老梁讲历史》《老梁谈名流》

国内顶尖色彩心理学大师、本土色彩心灵疗愈法创始人

代表作：《涂鸦唤醒未知的自己》

本名项瑶，被誉为中国版的高木直子

代表作：《滚蛋吧！肿瘤君——我与癌症斗争的一年里》

下篇 ——继往开来

"所以继往,开来,有功于斯世也。"

30年成绩已被定格,30年历史将被铭记。然而作为新的出版人,我们将书写新的篇章,抒发新的情怀……

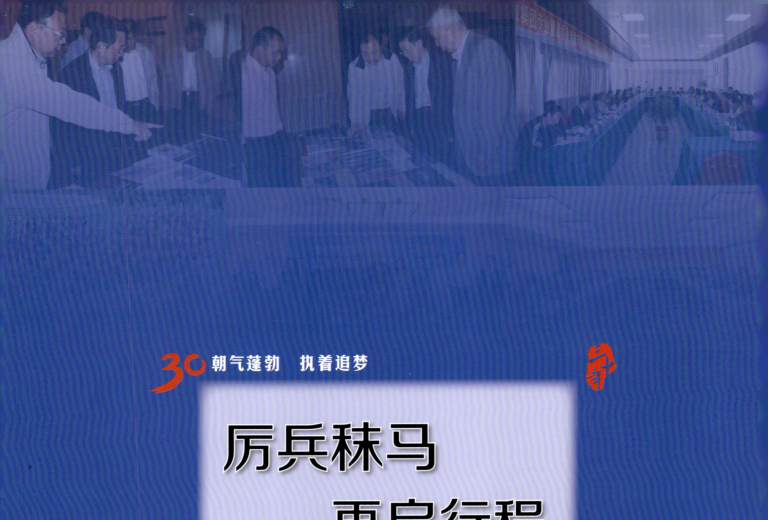

30 朝气蓬勃 执着追梦

厉兵秣马
再启行程

理工社与您一起成长的 30 年
BITP: 30 Year - Development of a Vibrant Catcher

组织机构

出版社以"科技传播、文化传承"为使命，逐步形成了以数字出版为前瞻，以学术出版为主体，以教育出版和大众出版为两翼的出版格局。

学术 出版中心
ACADEMIC PUBLISHING CENTER

理工社于2012年成立学术出版中心。中心成立4年以来，连续5个项目获得国家出版基金资助；14个项目入选"'十二五'国家重点出版物出版规划项目"，增选项目位居全国出版社第4名。策划并出版了一批"十二五"普通高等教育国家级规划教材。另有3项新媒体项目获得"国家文化产业发展专项基金和北京市文化创新发展专项（产业类）资金"等支持。此外，《智能作战机器人》获"中华优秀出版物奖图书奖"；《大爱育人中华魂——徐特立》（音像制品）获"中华优秀出版物奖提名奖"。

学术出版中心与施普林格·自然集团、威力出版集团等国际一流出版机构展开了卓有成效的合作，将《汽车发动机节能减排先进技术》等多种科技类著作输出至欧美地区，实现了学术出版"走出去"。

"积淀、传承、创新、发展"是学术出版中心工作的高度概括和总结，中心将以更加求真务实的工作理念为广大读者奉献更多优秀出版物。

部分入选"'十二五'国家重点出版物出版规划项目"的图书

部分入选"工信部规划教材专著项目"的图书

部分入选"'十二五'普通高等教育国家级规划教材项目"的图书

教育 出版中心
Education Publishing Center

十年奋斗，栉风沐雨；十年汗水，沧海桑田。

十年前，职业教育大发展风起云涌，理工社审时度势，勇立潮头，将教育出版的船头迎向职业教育改革的浪潮——这一历史性的抉择，成就了理工社教育出版十年的高歌猛进，并由职业教育教材领域向应用型人才培养本科教材领域强力扩展。

十年来，理工社教育出版在教材研发、推广、服务上，走出了自己的特色发展之路：

以精品化为目标——教材出版，唯精不立。十年耕耘，2014年收获了"国规"教材一举突破百种大关码洋近2亿元的成绩。

以多样化为基础——海纳百川，不择细流。职业教育出版满足职业教育服务当地经济发展的需求，满足不同办学定位发展的需求，构建职业教育产品与服务的"生态园"。

以市场化为机制——出版转制，使企业化运营成为出版社管理的内在机制，发行代理，服务全程，编发一体，聚焦资源，使教育产品的价值最终得以实现。

发展至今，教育出版已是理工社的半壁江山。以50余位年轻人为主的朝气蓬勃的团队，打造了机车类、经管类、电气类、土建类、艺术类、公共课类及考试类教材的产品群落，构建了覆盖全国的院校代表服务网络，赢得了广大老师们的赞誉。

建筑组稿会（一）　　　　　建筑组稿会（二）　　　　　考试分社举办的培训

机电与汽车出版分社

年出版量逾100种，年销售码洋高等职业教育接近3000万元。依托于理工社多年沉淀下来的优秀机电、汽车产品，积极开发反映最新课程改革成果的系列教材。产品线涵盖了机械设计及制造、数控技术、模具设计与制造、机电一体化、机电设备维护、焊接技术、汽车检测与维修、汽车技术服务与营销、汽车电子技术、汽车制造与装配、汽车运用技术、汽车涂装技术、城市轨道交通、船舶工程等专业的核心及相关拓展教材。其中汽车教材长期雄踞行业内"前三甲"地位。

经济与管理出版分社

主要出版普通高等学校高职高专教育财经大类、旅游大类专业课程教材，目前常年动销近400个品种，覆盖近200门课程，初步形成了专业基础课、财经专业群、流通专业群、管理专业群、旅游专业群五条产品线。成为"理工"之外的又一个重要大类产品线。随着22种"十二五"职业教育国家规划教材的出版，经济与管理分社将紧跟高等职业教育教学改革的步伐，力求出版更多的先进适用、易教易学的精品教材。

电气与信息出版分社

电气与信息分社出版领域涉及高职高专电子信息、通信、计算机、自动化等专业。给学生提供最优质的教材，是团队的基本准则，体现着团队对教育的良知和责任。

对教学改革的快速反应，使团队能及时开发出蕴含最新教学理念的教材。项目式教材占60%以上，计算机专业中高职衔接项目正在编写中，通信类含微课的纸质教材即将面世，电子信息类专业一整套富媒体交互式教材已经上线。

在国际化视野下，团队引进了计算机、电子信息等专业的系列教材，并成为世界

| 我素我行会议（一） | 我素我行会议（二） | 院校代表培训（一） |

计算机行业协会会员单位，吸取最先进的国际职业教育理念。

天道酬勤，分社有 32 种"十二五"国家规划教材，1 种国家级精品教材，30 多种省部级奖项，在高职高专教师中有很好的品牌口碑。

建筑与艺术出版分社

2008 年 8 月，出版社正式启动高职高专土建大类系列教材编写与出版工作；2012 年 1 月，教育出版中心建设成立以工程技术、工程造价、工程管理、工业设计、艺术设计为主的产品系列，产品达 500 余种。根据教材专业归属，成立了土木与建筑出版分社，2012 年年底，将土木与建筑出版分社、艺术与动漫出版分社二者融合为建筑与艺术出版分社。

基础课程出版分社

基础课程出版分社一直秉承"教育出版，教研先行"的出版理念，以满足学校的公共基础课教学需要为目标，构建含自有知识产权在内的基础课程教材体系。围绕理学类、文科类、外语类、思政类及素质教育类课程开展教材建设，出版高职及本科的相关必修教材、选修教材、课外参考书和电子出版物，同时兼顾高职院校学术著作及小专业教材出版，平均年销售码洋 2600 万元。在刚刚结束的高等职业教育"十二五"国家级规划教材评审中，分社有 2 种教材榜上有名。

院校代表培训（二）   优秀教材作者颁奖   西南地区教学研究成果交流会

中职教育出版分社

中等职业教育出版分社年出版教材约100种，可供教材400余种，除德育课、公共基础课教材以外，还涵盖了机电类、汽车类、轨道交通类、电气类、计算机类、经管类、旅游类、学前教育类、土建类。其中23本教材被录入《全国职业教育与成人教育教学用书目录——行业规划教材分册》。

分社还出版了大量中等职业教育高水平专著。如鲁昕与葛道凯任顾问、王继平主编的《成功就业之路——百所中职学校就业工作案例》，以及刘育锋研究员的《中高职课程衔接的理论与实践——英国的经验与我国的借鉴》等书。

高等教育出版分社

分社以应用型本科院校为主要服务对象；以"十三五"规划教材建设和地方本科院校转型为发展契机；以工学类、经济类、管理类、土建类和艺术类相关专业为主要选题开发方向，兼顾其他类学科共同发展的综合性分社。借鉴理工社在职业教育出版领域的成功经验，将成为新的增长点。

考试出版分社

成立于2012年年初，秉承"面向社会，以质量为导向；服务考生，以效果为目标"的出版理念，制定了独特的出版方针：汇聚专家，精耕细作。一方面，拥有诸如任汝芬、陈文灯、李永乐、张宇、阮晔、石磊、陈剑、陈正康、米鹏等一大批著名的专业考研指导大师；另一方面，坚持对考试类图书市场的多个细分领域进行精耕细作，对目标市场进行精准把握和定位；敦使自身成为"考试出版领域的领跑者"。

① 西南地区土建类专业教学研究协作组第三届年会
② 全国高等职业院校汽车专业专家委员会组建及规划教材建设研讨会
③ 沈阳职业技术学院与北京理工大学出版社战略合作签约仪式
④ 河北机电工业技术学院与北京理工大学出版社战略合作签约仪式

朝气蓬勃　执着追梦
理工社与您一起成长的三十年
BITP: 30 Year – Development of a Vibrant Catcher
1985—2015

1985—2015
理工社与您一起成长的30年
BITP: 30 Year - Development of a Vibrant Catcher

理工社百种"十二五"职业教育国家规划教材

大众 出版中心 Volkswagen Publishing Center

2010年成立大众出版中心，经过5年的发展，大众出版中心已经成为行业内引人注目的一支队伍。目前共设立生活、社科、文史、少儿四个出版分社及国际版权与合作事业部，年生产码洋1亿元。在家庭教育、历史典籍、动漫几个领域初步建立了自己的品牌，多种图书获得教育部、文化部、新闻出版广电总局等多个领导部门的嘉奖与肯定。理工社的大众产品更实现了"走出去，引进来"，把一批优秀的国内原创出版物输出到韩国、日本、越南、印尼、中国台湾省等国家和地区，编辑们也积极地把海外的优秀出版物引入国内，为传播优秀文化而努力。

《滚蛋吧！肿瘤君：我与癌症斗争的一年里》荣获中国文化艺术政府奖第二届动漫奖：最佳动漫出版物奖

《小布丁科普知识漫画》丛书荣获"北京市优秀科普作品奖最佳奖"颁奖现场

理工社出版的《滚蛋吧！肿瘤君》改编成电影的海报

少儿出版分社

2011年，少儿分社成立，开始系统深入地进入少儿出版领域。目前，理工社少儿年出版新书品种在150种左右，年销售码洋3000万元，主要包括早教、青少阅读、动漫三个版块。其中动漫版块尤其是国学动漫领域的产品，不但取得了不俗的销售业绩，亦多次获得教育部、文化部、新闻出版广电总局等多个领导部门的嘉奖与肯定。

大众出版中心编辑合影

浙江分社合影

社科出版分社

　　以经管励志类图书为主，在短短的几年间，实现了出版体量的快速增长，以及出版资源的迅速积累，在职场、心理励志和金融理财类图书上，逐步涌现出一些市场反响很好的畅销单品和长青品种。如2011年出版的《一看就懂的财务报表全图解》，2012年的《你对了，世界就对了》，2013年的《一看就懂的会计报表全图解》《创业者不可不知的法律常识》，2014年的《遇到最好的自己》《一看就懂的股市图谱全图解》《微店这么玩才赚钱》，以及2015年的《第一次炒股就赚钱》等。

生活出版分社

　　自2009年成立以来，始终秉持"为中国父母提供最先进之教育理念与方法""关注心灵与成长"的出版理念，以家庭教育图书出版为主干，以青少阅读和心理自助为补充，为广大读者提供更贴心、更实用、极具指导性和前瞻性的实用类出版物。迄今为止，分社已经实现年销售码洋近2000万元，家教类图书市场占有率在全国出版社中排名第三的优势出版地位。

输出、引进版权

文史出版分社

秉承出版社领导所提出的"阅读的世界，世界的阅读"，以及分社自主的"文以载道，史以鉴今"的出版理念，避开广义上文史图书普通选题的激烈竞争，在细分领域上精工细作，坚持独创研发。至2015年止，分社实现年销售码洋2000万元以上，其中代表图书《哈默手稿》获得首届东北亚版权交易会创意铜奖，《BBC科普三部曲》获得全国引进版优秀图书奖，《辜鸿铭讲论语》获得首届向全国老年人推荐优秀出版物奖项等。

国际版权与合作事业部

建立之初就着眼于社会出版资源及国际出版资源的整合，挖掘国内各类文化机构的出版资源，致力于打造资源优势互补、利益共享的出版平台。同时放眼全球，积极拓展国际化视野，通过国际版权资源的交流、互动、合作，使出版社在图书出版、营销方式等领域取得新的突破，在实现"阅读的世界，世界的阅读"出版理念上迈出一大步。

数字 出版中心
Digital Publishing Center

2012年1月数字出版中心成立以来，肩负着理工社面向未来、出版转型的重任。中心下设系统部、技术部、版权资源部、运营部及项目部五个部门。中心确立"以转型项目实践带动资金和人才储备，以数字化出版促进生产流程改革与产品建设，以信息系统研发和对外输出技术服务提高核心竞争力"的发展战略。生产了移动交互式数字教材、网络课程、虚拟仿真系统、视频库、试题库等数字产品，其中3种移动交互式数字教材、1门网络课程及1项虚拟仿真系统入选教育部优秀数字教育资源库。2014年"职场演兵－职业院校学生素质教育与评测平台"数字出版项目获得了财政部文化创意基金1000万元的资金支持。2015年"基于唯一标识符的出版产业大数据在高校出版管理中的应用研究"项目入选教育部人文社会科学青年基金项目。自主研发了《数字出版管理系统》《XMLEDI电子数据交换系统》《馆配业务信息管理系统》《MARC工具》《修云系统》等十余款应用软件，其中《数字出版管理系统》是第一款由出版人自主研发的数字出版领域的集成化软件系统，在业内获得了较高的赞誉。2015年度重点建设自主项目"SunCloud考试视频数据库"顺利完工，代表着理工社的数字出版转型升级又迈上了一个新的台阶。

业内第一家自主研发的《数字出版管理系统》

我素我行　　　　　　　　　　　　　　数字教材

自主研发的《馆配业务管理信息系统》　　　自主研发的《XMLEDI电子数据交换系统》

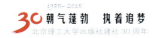

职能部门 朝气蓬勃 执着追梦
理工社与您一起成长的三十年
BITP: 30 Year – Development of a Vibrant Catcher
1985—2015

职能部门合影

编校中心合影

工作场景

朝气蓬勃　执着追梦
理工社与您一起成长的三十年
BITP: 30 Year – Development of a Vibrant Catcher
1985—2015

优美舒适的办公环境

大众类畅销书排行榜

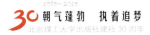

① ② ③ 布局

① 社长办公室、人力资源部合影
② 中职教育出版分社合影
③ 教育出版中心运营部合影

1985—2015
理工社与您一起成长的 30 年
BITP: 30 Year - Development of a Vibrant Catcher

① 财务部办公区
② 物流中心办公区
③ 物流中心发货场景

理工社现代化物流中心

30 朝气蓬勃　执着追梦

登高望远
一览众山

"登高必自卑,行远必自迩。"为完成"科技传播、文化传承"的使命,理工社人有登高的理想、行远的目标。然而,志向远大,需脚踏实地去追求;目标宏伟,当循序渐进去实现。具有"前瞻"眼光与全球"视野",勇于探索"创新""定位"与"服务",培养体现自身"价值"的出版理念,并以科学"管理"促进目标实现,是理工社人勇往直前,真抓实干风格的体现。

理工社与您一起成长的 30 年

BITP: 30 Year - Development of a Vibrant Catcher

理工社与施普林格·自然集团签约仪式

前瞻 *Prospective*

"科技传播"要站在科技发展的最前沿,理工社的学术出版,承担了多项国家级、部委级重大前瞻性出版项目,基于兵器、机械、光电、航空航天、信息工程等学科和新兴交叉学科,逐步形成了"强地、扬信、拓天"的学术出版路线。紧紧围绕国家发展战略,瞄准世界科技前沿,以"'做强、做厚'学术出版为己任",全面推进国家重大出版项目的申报和实施。服务于科技强军,服务于科技强国,弘扬科学精神,彰显科技伟力。

与美国 Highlights 集团签约，合作出版少儿类图书

与 Springer·Nature 集团签订战略合作

视野 *Field of vision*

为"科技传播"在全球视野内积极凝聚高端学术资源，以"高端、精品、专业、特色"为出版理念，不断推进学术出版的国际化进程。与施普林格·自然和圣智学习等知名出版集团面向全球，共同策划选题、协同制订出版计划，在引进版权的同时，将国内高端学术著作规模化、高效化、优质化地推向国际市场。让我国精品科技类著作走向世界。

理工社在吉林省召开的汽车专业和轨道交通专业组稿会合影

创新 *Innovation*

历经10年的发展与优化，理工社教材动销品种2500余种，完整覆盖60余条产品线、理工社教育产品的"美丽彩带"上，镶嵌着一颗耀眼的明珠，它是由长春汽车工业高等专科学校、长春职业技术学院、吉林工业职业技术学院这三所国家示范校牵头编写的一套汽车类专业教材——高等职业教育"十二五"课程改革项目成果，共31本，其中6本入选"十二五"国规教材；2010年面世以来，总销售量达428750册。

这套教材的研发，践行了理工社的创新理念与实践。

首先是"教材出版，教研先行"的理念。教材开发基于对职业教育发展趋势、职业教材使用情况、专业人才培养方案、课程体系、课程标准的深入研究。这套教材甚至影响了一些院校对汽车专业人才培养方案的修订。

其次是作者组织的创新。理工社坚持教材出版专家委员会的建设。在有着全国汽车制造工业基地之称的长春，理工社的汽车专家委员会组织成熟，运行高效，切实保证了系列教材的高水平、高规格。

此外还有研发程序上的创新。理工社启用了区域专家交叉审稿的思路，从社内专家库中调取了外地专家进行审稿，并获得许多宝贵的意见。提前对教材进行高规格的评审，也为此后在高职"十二五"国规教材申报上取得优异成绩奠定了基础。

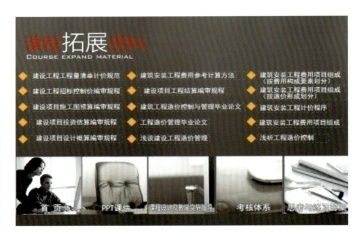

服务 *Services*

多年来,理工社的教育出版以"融入教育、服务教育"为己任,服务院校、服务老师、服务一线教学是我们的目标。

以完备的教材配套资源库做好服务。

为能更好地"满足教学需求",理工社对教材做了完备的配套资源库建设,包括:教学课件、习题答案、配套测试题及答案、教案、课程大纲、配套教学视频(或动画)、教材使用说明等。此外,理工社建设有专门用于服务职业教育出版的网络资源平台,将整合的各类职业教育出版资源,提供给职业院校师生,为使用者和作者进行互动交流、读者意见反馈及实时动态发布新的教学科研成果、教学改革成果提供支持。

以贴近一线的院校代表队伍做好服务。

理工社在近十几年的教材出版工作中,一直致力于建设覆盖全国院校的庞大的院校代表团队,通过这些热情高涨、尽职尽责的院校代表常年在一线的奔波,实时地、零距离地提供全程服务,体现了理工社全程参与、全心服务的态度,通过这些温暖而又坚强有力的行动,使理工社得以在近年不断地扩充高水平作者队伍并出版了各类优秀精品教材,得到了广大院校师生的高度肯定,在社会效益与经济效益上实现了双丰收。

少儿类图书两个效益双丰收

定位 *Positioning*

  理工社的发展需要以精准的定位为切入点，理工社将少儿、动漫类图书重点定位于原创、国学、动漫，是经过广泛调研和深思熟虑的。漫画这种形式是8～10岁孩子最能接受的过渡读物，用漫画故事的形式讲知识，有广阔的发展空间。目前的少儿市场，出版商都倾向于购买已经成熟的外国版权作品，但国外漫画，鱼龙混杂，内容娱乐性往往较重，知识含量较轻。针对这一现状，理工社与国内一流原创团队合作，打造一个前所未有的知识漫画类开放书架。8～10岁是理工社要服务的读者群，寓教于乐、传播优秀文化是理工社的产品诉求。只要是青少年喜欢的内容和领域，就可以改编成与8～10岁年龄段相契合的漫画产品。这样的思路，解决了创作的源，更找到了销售的流。

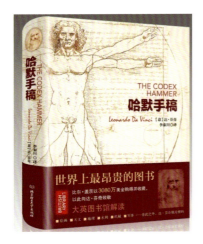 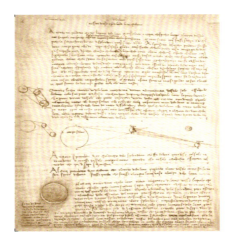 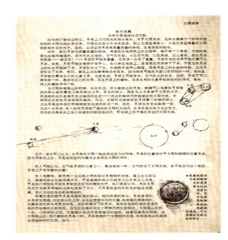

《哈默手稿》：世界上最"昂贵"的图书，比尔·盖茨以3080万美元收入囊中，大英图书馆权威解读，全球首次公开发行的达·芬奇珍贵手稿。绘画、天文、地理、水利、机械、军事……舍此之外，达·芬奇别无密码。

价值 *Value*

在以出版推动"文化传承"的过程中，编辑要努力体现自己的劳动价值，这是理工社文史出版的价值观。这种价值观的体现首先是建立文史著作的衡量标准：经过若干年的传播和阅读，被认定为当之无愧的皇皇巨作；会继续阅读、传播下去，著之竹帛而不朽。但这并非继承主义，一成不变。同样的著作，可以采用不同的编辑形式，以期发挥最大的价值。在这一点上，出版社编辑在文史类图书的出版上不断探索自身价值的体现。

在古籍出版上，如《群书治要》《国学治要》等，不计工本，重新校订，打造国内简体版本，这是整理的功夫；对一些珍稀版本，如《哈默手稿》，出版社编辑通过手稿影印，采用最新研究成果，在全球范围内首次出版，这是解读的作用；对一些名著的出版，一些概念层次较深，编辑们通过对同类作品的挖掘和深耕，让概念深入人心，带动同类作品的阅读，这是作品上的纵横和延伸。

无论是整理、解读或者是纵横和延伸，都是编辑"板凳一坐十年冷"和"面壁十年图壁破"，在出版领域里另辟的蹊径。古人讲究"述而不作"，编辑不是图书的创作者，而是文化的传播者。

第五届韬奋杯全国出版社青年编校大赛编辑个人优秀奖获得者 刘娟

年度先进集体 人文历史出版分社

年度先进集体 财务部

年度先进集体 数字出版中心

年度先进集体 中等职业教育出版分社

管理 *Management*

近年来，北京理工大学出版社以"科技传播、文化传承"为历史使命，大力推进企业文化建设，坚持"人才强社"战略。重点引进了一批具有先进管理、编辑、营销经验的出版业人才，为出版社的发展注入了新鲜的血液和活力。此外，根据企业发展需要，制定了人力资源开发规划，通过规范化的培训体系，为优秀员工提供更多的学习机会，拓展视野，提升能力；积极鼓励更多的中层管理岗位员工参与出版社政策制定研讨和工作方案实施，加入到社委会中来，为后备人才培养奠定基础；同时，在坚持诚信建社的基础上，积极提升员工工作积极性和归属感，营造出一个和谐、富有激情的环境，为出版社持续、健康地发展奠定了坚实的基础。

"云"瞰

在"互联网+"的发展浪潮下,智慧校园、智慧课堂以及慕课、微课等给教育带来了全新的发展,数字出版、新形态图书实现了富媒体形态下的交互式阅读,教育与出版都面临着结构性的调整。随时随地的"移动互联",将对教育与出版都产生深远的不可逆转的影响,同时,也让教育与出版都面临着跨越式发展的新机遇。

理工社®紧紧抓住信息化发展的机遇,联合中国国际教育交流协会、北京市互动媒体艺术工程技术研究中心、北京智慧谷文化传媒有限公司等团队共同开发了"职场演兵——职业院校学生素质教育与评测平台",获得2014年度国家文化产业发展专项资金文化产业升级项目千万级资金支持。

这标志着理工社®在应对"互联网+"形势下的企业转型、产业升级上迈出了重要的一步。

该平台运用虚拟仿真、大数据、云计算等先进技术,带给职业院校"互联网+"环境下全新的素质教育形态与体验:角色扮演模拟职场,游戏情景下的情商培养,丰富的线上线下活动,使素质教学生动多彩;持续测评建立学生素质档案,给学生个性化的发展指导,在让家长看到学生成长的同时,使用人单位对学生情况有据可查;超越传授岗位技能,帮助学生养成职业生涯观,让职业院校学生具备扎实的发展潜力,真正成为高素质技术技能型人才,让职业教育给学生以精彩的人生。

理工社®的目标,是提供数字化出版的内容与增值服务,进而构建数字化出版平台,为智慧教育的发展服务。

30 朝气蓬勃　执着追梦

风华正茂
　青春作伴

理工社与您一起成长的 30 年

BITP: 30 Year - Development of a Vibrant Catcher

三十华诞的理工社，是而立之年、风华正茂的理工社。

年青人居多的理工社人，是一群朝气蓬勃、斗志昂扬的永远焕发着青春活力的追梦人。

理工人的梦想，是在出版业的广阔天地中，把理工社打造成"数字出版的先锋、学术出版的基地、教育出版的旗舰、大众出版的平台"。

"科技传播、文化传承"是理工社人的使命，以优秀的出版达成使命是理工社人的责任。

理工社坚持诚信建社，让员工找到归属感与荣誉感；理工社坚持以人为本，让员工与企业一起成长；理工社坚持人尽其用，让员工永远有进步的空间。

"朝气蓬勃、执着追梦"的理工社，员工将与企业一起成长。

荣获2014年北京理工大学党委先进党支部

新成员入党仪式

2011年参观保定印刷厂（一）

2011年参观保定印刷厂（二）

拔河比赛

拓展游戏

拓展游戏—团队运气球

登山比赛，小组第一名

离退休员工座谈会

理工社参加学校篮球比赛

理工社羽毛球队

理工社篮球队

理工社足球队

"六一"儿童节捐赠图书

八方来风

勇于创新　再铸辉煌

热烈祝贺北京理工大学出版社

成立三十周年

中国浙江绍兴

何积丰

向北京理工大学出版社一群为他人作嫁衣的出版者们致敬，感谢你们为广大读者提供了美好的精神食粮。恭祝北京理工大学出版社建社三十周年。

周立伟

2015年9月1日

祝愿理工社百尺竿头更上一层楼，与行业做出更大的贡献！

张锡祥

2015年8月

出精品图书、育社会良才

祝贺北京理工大学出版社建社三十周年。

李骏

2015.8.28

三十而立 祝北京理工大学出版社再续辉煌！

　　　　　山东新华书店集团有限公司
　　　　　　董事长　刘文田

墨香万里　书传千秋

　　　　　江西新华发行集团
　　　　　　总经理
　　　　　　　2015.10.12.

祝贺北京理工大学出版社成立30周年！

　　　　　广东新华发行集团
　　　　　　董事长　肖开林

　　北京理工大学出版社三十载耕耘，做学术先锋，奏时代强音，硕果累累，誉满中外。在新的历史时期，衷心地祝贺北京理工大学出版社成立三十年，祝愿贵社再创辉煌，取得更大的成就！

　　　　　青岛新华书店有限责任公司
　　　　　　党委书记、董事长　李茗茗

潜心出版三十载　翰墨流芳著华章

　　　　　山东新华书店集团有限公司济南分公司
　　　　　　党委书记、总经理　彭忠喜

　　三十年过来了，北理工收获万千；三十年过去了，北理工铸造辉煌。我们相信，北理工的30年华诞将成为承前启后、继往开来、开拓创新和再创辉煌的新起点。

　　　　　河南省新华书店发行集团有限公司
　　　　　　总经理　林疆燕

妙笔生花　精雕细琢铸万卷　继往开来　盛世华诞谱新篇

　　　　　浙江省新华书店集团有限公司
　　　　　　副总经理　吕存周

弘扬传统学术　铸造人文新知

　　　　　河南省郑州市新华书店有限公司
　　　　　　党委书记、总经理　宋保安

出精品图书　育社会良才
祝贺北京理工大学出版社建社三十周年。

　　　　　北京台湖出版物会展贸易中心有限责任公司
　　　　　　总经理　韩建成

1985—2015
30 朝气蓬勃 执着追梦
北京理工大学出版社建社30周年

三十年的经历，三十年的发展，三十年的岁月，迎来了理工社三十周岁的生日。祝愿理工社越办越好，越来越精彩！

上海新华传媒连锁
有限公司采配中心
总经理 潘汉裕

三十而立　宏图大展

湖南省新华书店
有限责任公司
总经理助理
[签名] 10.12.

恭贺北京理工大学出版社有限责任公司30周年华诞！祝愿贵社在集团化、数字化、多元化、国际化发展中不断做大做强，为我国文化综合实力提升做出更大贡献！

新华文轩出版传媒
股份有限公司

北京理工大学出版社：

值此北京理工大学出版社成立卅周年之际，我谨代表江西省赣江文化传媒集团全体员工向以林杰为社长的理工社表示最热烈的祝贺！

天高风好，万里鹏程，三十华诞，铸造了强大的理工社。近10年来，理工社发展突飞猛进，在中国出版产业上凯歌飞扬，优秀出版物一本接一本，"国规教材、精品著作、大众好书、政府奖"等精彩纷呈，"理工社现象"成为出版界学习的楷模，我们作为理工社最坚定的合作伙伴感到无比自豪。

与理工社合作是我们曾经的梦想，现在依然是沾沾自喜。选择理工社是全体代理商的聪明智慧，是全国图书经销商的愿望。我们感谢理工社选择了我们，成就了我们，赣江文化愿与全国代理商一道，继续携手理工社，为建设社会主义文化强国做出贡献！

江西省赣江文化传媒集团
董事长　纪伟鹏
2015年9月

三十年风雨兼程，春华秋实，姹紫嫣红。继续前行，阔步铿锵，在北京理工大学出版社创社三十周年之际，广州京师文化教育发展有限公司全体员工祝贺生日理工社，无限风光！

庆建社三十周年

广州京师文化教育
发展有限公司
董事长　王倩

1985—2015
理工社与您一起成长的30年
BITP: 30 Year - Development of a Vibrant Catcher

　　三十年的发展历程，理工人用自己辛勤的汗水，浇灌出一片真正属于自己的沃土，收获了成功的喜悦。

　　理工社一定会迎来更加美好的明天。在这特殊的日子里，我愿献上最美的生日祝福。

　　祝福您，我们的出版社，我们的家！

山东布克图书有限公司
总经理　付明
2015年9月10日

　　三十年沉潜历练，三十年苦心经营，三十年摸爬滚打，三十年殚精竭虑……几代出版人的努力换就北理工今日辉煌。三十年弹指一挥，三十年是一个新的起点。开拓携手理工精诚合作，再创佳绩！贺北京理工大学出版社成立三十周年。

四川省开拓文化发展有限公司
总经理　戴本文
2015年9月

　　三十年峥嵘岁月，虽没有全程经历，但有幸与同仁们度过了最精彩的年代，深深感受到北京理工大学出版社的厚重与精彩，祝愿未来的北京理工大学出版社百尺竿头，更进一步，再创出版界的辉煌奇迹！

陕西友杰图书发行策划有限责任公司
总经理　荆运闯
2015年9月

以书为媒，认识你我
风雨同舟，我伴你一路远航
30周年社庆，又是一个新的开始
愿北理工社，发挥优势，突出特色，建设成一流的大学出版社

湖南雄宇文化传播有限公司
总经理　刘雄伟

　　传承充满朝气的团队，精于科学管理的理念。

理工社浙江分社社长
金　琳

　　展翅高飞，鹏程万里。

长沙全才图书有限公司
总经理　谭国顺

教育出版遍四海，联通著作博古今，庆贺北京理工大学出版社创社辉煌三十载。

广西教育联通图书有限责任公司
总经理　莫国庆

恪守诚信，精益求精，做好科学知识的传递者，不断开创新纪元。

南宁学研文化传播有限公司
总经理　潘绍德

逢70年阅兵盛典贺30载出版佳绩
——庆祝北京理工大学出版社成立30年

武汉市文丰图书有限公司
总经理　张齐文

30年的风雨兼程见证了理工社的成长，30年的流金岁月见证了理工出版人拼搏进取、开拓创新的足迹，理工社辽宁信息中心大连新文化图书发行有限公司的全体员工在理工社30周年之际，祝愿理工社在未来的岁月征程上走得更远、飞得更高！

大连新文化图书发行有限公司
总经理　贺胜名

三十年风雨兼程，北京理工大学出版社克服各种困难，在日益激烈的市场竞争中始终立于不败之地，为我国高等教育和科研做出了卓尔不凡的贡献。可以预期，在新形势下，北京理工大学出版社必将以"三十而立"的姿态，更加稳健地走向我国出版事业灿烂辉煌的未来。

四川文丰图书文化有限公司
总经理　邓晓菊
2015年9月

时光如梭，风雨同舟；一分耕耘，一分收获！北京理工大学出版社走过了跨越发展的三十年。今天北京理工大学出版社迎来了他的第三十个生日，值此欢庆之际，我代表江苏闻沁科技文化有限公司全体员工恭贺北京理工大学出版社发展越来越好，在新的征程中再创新高，做大做强。

江苏闻沁科技文化有限公司
总经理　邵刚

精诚合作，尽显北理雄风，携手共进，再创出版辉煌！值北京理工大学出版社成立三十周年之际，天津世纪诚品科技有限公司谨向理工社表示最真诚的祝福和最热烈的祝贺。

天津世纪诚品科技有限公司
总经理　潘娜

日月如梭三十载，年年迈上新台阶，异军突起何其难，更上层楼立尖端。

长春市国华图书经销有限公司
总经理　刘庆国

经历30年的风雨，有了今天的成就，明天的理工社更加辉煌。

甘肃英杰教育科技有限公司
总经理　程瑞省

数易春秋，风华正茂；几载耕耘，硕果累累。风雨兼程三十载，北京理工大学出版社开创了出版行业发展新模式，引领着教育出版新方向，实现了出版与发行、教材与教师的共同成长。值北京理工大学出版社成立30周年之际，恭祝北京理工大学出版社早日成为行业新的领军者，并在新的征途中再谱新篇！

内蒙古师乐文化发展有限公司
总经理　刘永平

在理工社成立三十周年之际，祝福理工社发展越来越好！只有理工社这棵大树更加枝繁叶茂了，我们这些合作商才能有更好的明天！

合肥远景图书经营有限公司
总经理　刘道明

值此北京理工大学出版社建社30周年之际，我谨代表湖北三新文化传媒有限公司，向北京理工大学出版社表示热烈祝贺。在过去我们保持着高度紧密的合作，在未来我们将一如既往互惠互利，共谋发展。衷心祝愿北京理工大学出版社在下一个30年良性发展，更加辉煌！

湖北三新文化传媒有限公司
董事长　宋旅黄

风雨兼程三十载　砥砺奋进写春秋

当当网
副总裁

京东恭贺社庆三十载，祝愿辉煌更百年

京东商城图书音像事业部总经理

北京理工大学是人天书店的福地，1998年3月，北京人天书店有限公司就诞生在理工大学的校园里。从那时开始到今天，人天书店已经成为中国最大的馆配商，或许也是最具规模的民营图书公司，而在这个行程中，北京理工大学出版社也华丽转身，从一个科技类的大学社，一跃成为一个综合类、国际化的大型出版公司。北京理工大学出版社是人天书店最优秀的供应商，并且我们的合作已经深入到出版领域，我们越来越像是一对兄弟。30岁和17岁，君是兄长我是弟，面对作者，面对读者，面对市场，面对困难和机遇，我们互相提携，互相帮助，一起成长。

北京人天书店有限公司
董事长　邹进

亚马逊高管题词：

Beijing Institute of Technology Press is a very important partner for Amazon providing titles in several big books categories. For your 30th anniversary, I sincerely thank you for the continued partnership and support for helping Amazon provide the most selection at the lowest price. BITP participates in several key supply chain initiatives that allow Amazon to provide titles as fast as possible so Amazon and our customers thank you for that. I look forward to Beijing Institute of Technology Press publishing more books and increased success moving forward. Best wishes!

Category Leader, Amazon Books

大 事 记

1985—1995 年

- 1985年2月，中华人民共和国文化部发文至兵器工业部，同意成立北京工业学院出版社，社号为434。
- 1986年6月，中国ISBN中心分配给我社出版前缀号为ISBN7-81013。
- 1986年，读者服务部开业。
- 1986年，被国家教委、新闻出版署评为"方向对、行动快、效益好"出版社。
- 1987年7月，被选为全国大学出版协会常务理事单位。
- 1988年7月12日，新闻出版署发文，出版社正式更名为北京理工大学出版社。
- 1991年，第一次版权贸易输出，台湾儒林图书出版公司购买《UNIX系统V/386操作系统》一书的版权。
- 1991年，《断裂动力学引论》荣获第五届中国图书奖二等奖、国家教委学术专著优秀奖。
- 1992年12月，新闻出版署批复同意我社出版电子计算机软件，使用国际标准书号，按出版图书进行管理。
- 1993年，实行全员岗位聘任制和社长负责制。
- 1993年，与新加坡应用电脑专门学院、英国NCC Blackwell出版公司签约，合作出版NCC国际电脑专业课教材中译本。
- 1993年，《股票债券全书》（上、下册）荣获第七届中国图书奖。
- 1994年，荣获国家教委颁发的"全国教材管理工作先进集体"称号。
- 1995年，在中国汽车工程学会的支持下，成立了中国汽车工程学会汽车工程图书出版专家委员会，出版社为秘书长单位。
- 1994年，《宽束电子光学》荣获第八届中国图书奖。
- 1995年，在全国首批获准拥有电子出版物出版权，成立电子出版部。

1996—2006 年

- 1999年10月，注册开通"北京理工大学出版社网站——鸿儒轩"，通过国际互联网向全世界宣传我社出版的图书，展示我社的风貌。
- 2000年，建立了出版社形象企业文化标识体系，

商标注册了出版社的社标——和平鸽。提出"让我们一起成长!"的出版理念。

- 2000年,出版社从学校9号办公楼搬迁至理工科技大厦。
- 2000年,举办了出版社15周年的社庆活动。
- 2001年,成立了设计教育图书出版专家委员会。
- 2001年,承办了国防科学技术委员会主办的《文告》杂志。
- 2002年1月,《工业设计史》(修订版)荣获教育部"全国普通高等学校优秀教材"一等奖;《人机工程学》(修订版)、《火工品设计原理》荣获二等奖。
- 2003年3月,《机械制图》《画法几何及工程制图》荣获中国工程图学学会优秀教材奖。
- 2003年11月,《弹药工程》《高等内燃机学》《应用光学》荣获第二届"国防科技工业优秀图书奖"。
- 2004年4月,出版社搬迁至理工国际教育交流大厦。
- 2004年10月,《基因组:人种自传23章》荣获第十四届中国图书奖、2003年度引进版科技优秀畅销图书奖。
- 2005年9月,《汽车电气与电子》荣获"2004年度引进版优秀科技类图书奖"。
- 2005年12月,《目标探测与识别》《弹药制造工艺学》荣获第三届"国防科技工业优秀图书奖"。
- 2006年,《万物玄机丛书》(4册)、《盗火者译丛书》(11册)、《中国"问题孩子"调查》等图书入选"2006知识工程推荐书目"。
- 2006年2月,成立图书生产成本招标委员会。

2007年至今

- 2007年,调整大众出版方向:有选择地出版科学、文化类方面图书;少儿益智类图书;生活健康类图书。
- 2007年,出版社申报进入第二批转企改制试点单位。
- 2007年,启用北京理工大学出版社办公管理平台(OA)。
- 2007年12月,库房搬迁到大兴区黄村镇桂村工业园区。
- 2008年9月,《起爆理论与技术》(英文版)荣获教育部"2008年度普通高等教育精品教材奖"。
- 2008年10月,《迷宫趣话》荣获新闻出版总署第二届"三个一百"原创图书出版工程奖。
- 2009年,正式成立教育出版中心,以实现巩固传统大学教材出版,做强高等职业教育教材出版的目标。
- 2010年,出版社调整原有机构设置,成立大众出版中心,规模化进入大众出版领域。
- 2010年12月,《再造一个地球——人类移民火星之路》荣获第三届中华优秀出版物奖图书提名奖。
- 2011年4月11日,北京理工大学出版社改制为有限责任公司,改制后的企业名称为北京理工大学出版社有限责任公司。6月20日从工商行政管理局领取企业营业执照,完成转企改制工作。
- 2011年9月,成立北京理工大学出版社分社——浙江分社。
- 2012年1月,正式成立学术出版中心,下设汽车分社、设计分社和综合分社,致力于高端学术图书的出版。
- 2012年1月,正式成立数字出版中心,肩负两大职能:一是进行数字出版探索、改革与实践;二是为出版社提供优质的信息化服务。

- 2012年3月，《飞行模拟器》获得2012年度国家出版基金资助18万元。

- 2012年11月，完成理工社®商标注册。

- 2012年12月，物流中心搬迁至河北固安工业区南区。

- 2012年，杨志坚社长荣获中国大学出版社第二届高校出版人物奖。

- 2013年2月，《现代兵器火力系统》获得2013年度国家出版基金资助157万元。

- 2013年，《基因的故事——解读生命的密码》荣获国家科学技术进步奖二等奖，第四届中华优秀出版物奖图书奖提名奖。

- 2013年《大爱育人中华魂——徐特立》荣获第四届中华优秀出版物奖音像奖提名奖。

- 2013年4月，创办期刊《深空探测学报》。

- 2013年8月，99种选题符合"十二五"职业教育规划教材选题立项要求，批准立项。

- 2013年，出版《红色征途——北京理工大学辉煌70年访谈录》，向校庆隆重献礼。

- 2013年12月，理工社"面向老年人群的应用性游戏系列产品"首次获得北京市文化创新发展专项资金资助，资助金额180万元。

- 2013年，《小布丁科普知识漫画》丛书（共8册）荣获第六届"北京市优秀科普作品奖最佳奖"。

- 2013年12月，漫画《国学启蒙》丛书入选"原动力"中国原创动漫出版扶持计划。

- 2014年1月，获得互联网出版许可权。

- 2014年2月，《航天发射科学与技术》丛书和《中间弹道学》同时获得2014年度国家出版基金资助，分别资助101万元和12万元。

- 2014年，《航空航天技术出版工程》等7个项目入选"十二五"国家重点图书出版物出版规划增补项目。

- 2014年9月，《辜鸿铭讲论语》被评为向全国老年人推荐优秀出版物。

- 2014年10月《滚蛋吧！肿瘤君：我与癌症斗争的一年里》获得中国文化艺术政府奖第二届动漫奖：最佳动漫出版物奖。

- 2014年12月，《漫画少儿百科全书》(12册)被科学技术部评为2014年全国优秀科普作品。

- 2014年12月，"职场演兵"项目获得2014年度国家文化产业发展专项资金文化产业升级项目资助，资助金额1000万元。

- 2014年12月，由图书馆报主办的"2014年全国优秀馆配商评选"活动正式落下帷幕，理工社获得"十佳出版社"称号。

- 2015年2月《智能作战机器人》荣获第五届中华优秀出版物奖图书奖。

- 2015年3月，《航空航天技术出版工程》获得2015年度国家出版基金资助185万元。

- 2015年7月，理工社与（中国）台湾语言类排名第一的出版机构"我识"出版集团达成全面战略合作意向，正式启动语言类出版项目。

- 2015年8月，经中国出版传媒集团、中国文化走出去协同创新中心、中国文化走出去效果评估中心、中国图书进出口（集团）总公司组织认证，理工社获得2014中国图书世界馆藏影响力出版100强。

- 2015年8月26日，与施普林格·自然集团签署战略合作框架协议。

- 2015年9月，漫画《孙子兵法》丛书入选"原动力"中国原创动漫出版扶持计划。

- 2015年9月，"文化养老智能全媒体平台建设及应用示范"项目获得2015年度国家文化产业发展专项资金文化产业升级项目资助，资助金额750万元。

- 2015年12月1日，理工社年度净销售码洋突破3亿元。

版权专有　侵权必究

图书在版编目（CIP）数据

朝气蓬勃　执着追梦：理工社与您一起成长的三十年/《朝气蓬勃　执着追梦：理工社与您一起成长的三十年》编委会主编．—北京：北京理工大学出版社，2015.12

ISBN 978-7-5682-1589-3

Ⅰ．①朝⋯　Ⅱ．①朝⋯　Ⅲ．①高等学校－出版社－概况－北京市－1985～2015　Ⅳ．①G239.22

中国版本图书馆CIP数据核字(2015)第288466号

出版发行 / 北京理工大学出版社有限责任公司
社　　址 / 北京市海淀区中关村南大街5号
邮　　编 / 100081
电　　话 /（010）68914775（总编室）
　　　　　（010）82562903（教材售后服务热线）
　　　　　（010）68948351（其他图书服务热线）
网　　址 / http://www.bitpress.com.cn
经　　销 / 全国各地新华书店
印　　刷 / 北京地大天成印务有限公司
开　　本 / 889毫米 × 1194毫米　1/16
印　　张 / 7
字　　数 / 208千字
版　　次 / 2015年12月第1版　2015年12月第1次印刷　　文案编辑 / 封　雪
定　　价 / 99.00元　　　　　　　　　　　　　　　　　责任印制 / 王美丽

图书出现印装质量问题，请拨打售后服务热线，本社负责调换